LA FRANCHE-COMTÉ

A-T-ELLE ÉTÉ ESPAGNOLE?

PAR

M. BOUSSEY

(Extrait des *Mémoires de l'Académie de Besançon*, Année 1905)

BESANÇON

TYPOGRAPHIE ET LITHOGRAPHIE JACQUIN

1905

LA FRANCHE-COMTÉ

A-T-ELLE ÉTÉ ESPAGNOLE ?

PAR

M. BOUSSEY

(Extrait des *Mémoires de l'Académie de Besançon*. Année 1905)

BESANÇON

TYPOGRAPHIE ET LITHOGRAPHIE JACQUIN

1905

LA FRANCHE-COMTÉ

A-T-ELLE ÉTÉ ESPAGNOLE ?

MESSIEURS,

On répète volontiers que les légendes ont droit au respect des historiens. Cela est vrai des traditions primitives qui sont le déguisement poétique de la vérité, et auxquelles du reste, si l'on en juge par d'illustres et malheureuses tentatives, il est difficile de substituer autre chose que des systèmes où la poésie manque, sans que l'on soit assuré que la vérité la remplace. Il en est d'autres qui sont des malentendus et des erreurs et qui n'ont droit qu'à une réfutation. Je n'hésite pas à compter au nombre de ces dernières la tradition d'après laquelle, sous prétexte que les comtes de Bourgogne ont régné à un moment donné sur l'Espagne, notre pays aurait modifié son génie, ses institutions et ses mœurs sur le modèle de cette dernière. Il serait trop long de vous apporter de cette singulière hérésie historique une réfutation complète, il faudrait faire passer sous vos yeux les annales tout entières du comté de Bourgogne. Je voudrais seulement vous exposer les principales raisons de mes doutes, ou, pour être plus exact, de mon affirmation nettement contraire à l'opinion traditionnelle. Je ne séparerai pas, dans cette rapide esquisse, la ville de Besançon du comté de Bourgogne. Sans doute la vieille cité, moins encore que la province, mérite l'épithète d'espagnole. Il y a quelques mois, un jeune et brillant professeur du lycée le démontrait spirituellement dans une dernière leçon donnée à ses élèves (1). Mais j'irai plus loin que lui. A mon sens on n'aura démontré que Besançon n'est pas une ville espagnole que lorsqu'il sera bien admis que le comté ne l'était pas davantage. Au point de vue où nous nous plaçons, nous n'avons pas à faire état de la frontière tout artificielle qui séparait la ville et sa banlieue du reste de la province. De part et d'autre, c'était la même race, la même langue, la même religion, des mœurs et des intérêts identiques. Besançon, siège de l'archevêché et du tribunal de l'officialité, était la capitale religieuse du pays tout entier comme elle en restait la principale forteresse. Malgré son titre de ville impériale, elle était ville comtoise au même titre que Cambrai était ville flamande, Strasbourg et Mulhouse villes alsaciennes ; si le comté de Bourgogne avait été envahi par l'influence espagnole, ce serait miracle que Besançon eût été épargnée ; c'est bien ainsi, du reste, que l'entendait la tradition. Sur ce point, du moins, je suis d'accord avec elle.

Le vers de Victor Hugo, qui, s'il n'a pas créé la légende, l'a consacrée du moins, est de 1830. Quinze ans plus tard, en 1845, Prosper Mérimée semble l'avoir pris pour thème d'une page de son discours de réception à l'Académie. Il succédait à Charles Nodier, et amené à parler de la ville où celui-ci était né et avait passé une partie de sa jeunesse, il s'exprimait ainsi :

« Vers la fin du XVIII° siècle, la ville de Besançon conser-

---

(1) Port, professeur d'histoire au lycée Victor Hugo : *Besançon vieille ville espagnole*, 1903. D' J. Meynier : *Réunion de Besançon à la Franche-Comté (1634-1664)*, 1898.

« vait encore des souvenirs singuliers de la domination
« espagnole. A voir ses innombrables couvents, ses palais
« aux balcons grillés, ses confréries de pénitents de toutes
« couleurs, on aurait pu se croire dans une ville de Cas-
« tille. Les mœurs de ses habitants étaient empreintes
« d'une austérité qui n'avait rien de français, d'anciennes
« ordonnances défendaient aux juifs de demeurer plus
« de trois jours dans l'enceinte des remparts. La société
« était divisée en plusieurs castes, soigneuses de s'isoler
« par des barrières infranchissables. D'un côté des pré-
« jugés hautains, de l'autre des espérances insensées,
« partout des haines traditionnelles(1). »

Mérimée ne parle que par ouï-dire. Dix-huit ans plus tard, en 1863, Taine passe quelques jours à Besançon et, fidèle à sa méthode de noter ses impressions, il consacre à la ville et aux paysages qui l'environnent quelques pages de son carnet de voyage. La ville l'enchante, mais l'idée de l'Espagne est pour lui une véritable obsession : « Besan-
« çon est une vieille ville, pleine de débris espagnols du
« xvi° et du xvii° siècle... Partout, grilles de fenêtres à
« ventres bombés et souvent grillages en long et en tra-
« vers, comme dans un couvent d'Espagne. »

Ou bien encore :

« Un peintre pourrait passer deux mois dans cette
« ville, tant il y a d'étranges rues étroites, sans fenêtres,
« aveugles et noires le soir comme de vraies rues espa-
« gnoles, tant les hauts toits pointus, noircis, peuplés de
« cheminées, ont un air énergique, tant le pêle-mêle des
« bâtisses et des balcons, dans les vieux taudis qui peu-
« plent la rivière, est original et fauve, tant le xvi° et le
« xvii° siècle ont laissé des traces ici. Par suite, et en re-

---

(1) Prosper Mérimée : *Discours de réception à l'Académie française*, prononcé le 6 février 1845, recueilli dans les *Portraits historiques et littéraires*.

« vanche, les esprits aussi semblent du xvɪᵉ et du xvɪɪᵉ
« siècle (1). »

Jusqu'ici nous ne sommes pas sortis de Besançon. Allons
à Dole ; c'est un compatriote, un de nos plus savants et de nos plus spirituels confrères, qui cette fois nous servira de guide :

« L'Espagne, nous dit M. Henri Bouchot, a laissé plus
« d'elle dans ce coin qu'elle ne sut faire à Besançon, la
« vill. réfractaire et indépendante. L'hôtel de ville d'au-
« jourd'hui hébergeait les parlementaires fameux de la
« Comté de Bourgogne, la troupe grave d' « hommes
« rouges » remuants, audacieux, à la fois gens de guerre,
« politiques, magistrats, dont la race s'est si bien perdue.
« Dans une des salles d'en haut, le portrait de Charles-
« Quint, peint par Titien ; l'empereur ami souriait aux vi-
« siteurs de ses grosses lèvres lippues et présidait aux
« séances. Un peu de castillanerie, un soupçon d'emphase
« madrilène s'est accrochée aux pierres et y est demeurée ;
« ceux qui savent bien voir vous diraient même que les
« Dolois ont fait comme leurs maisons, et que les mata-
« mores transpyrénéens n'y sont point aussi rares que le
« pourraient laisser supposer les distances. Dans le
« nombre vous rencontreriez les Don Quichotte scala-
« breux et excessifs, prêts à piquer les moulins à vent,
« d'une lance, les Sancho Pança raisonneurs, tranquilles
« et sensés, avec, par-dessus le marché, les bons licenciés
« pédants de Salamanque (2). »

Nous retrouvons l'Espagne à Gray avec M. Ardouin-Dumazet, lequel, au cours de sa savante enquête sur la France contemporaine, y admire un « charmant hôtel de ville construit par les Espagnols (3). » Nous la retrouvons à

---

(1) Taine : *Carnets de voyage*, p. 135 et seq.
(2) Henri Bouchot : *La Franche-Comté*, p. 188.
(3) Ardouin-Dumazet : *Voyage en France*, 23ᵉ série, p. 41.

Vesoul), avec une toute récente géographie illustrée qui nous y signale avec gravure à l'appui « une maison espagnole » (1). Maison espagnole! N'est-ce pas ainsi, du reste, que nous entendons quotidiennement désigner toute construction qui se distingue de ses voisines par ses fenêtres à meneaux ou à croisées, par une niche finement sculptée, ou par une tourelle à encorbellement se détachant à l'angle de deux rues? N'est-ce pas avec cette épithète, pour ainsi dire de nature, que l'hôtel Mareschal, de la rue Rivotte, gravé sur une carte postale, va enseigner au monde entier qu'au xvi° siècle nous empruntions à Burgos ou à Tolède des architectes pour construire nos maisons ou des sculpteurs pour les décorer?

Voici autre chose et mieux encore. Non seulement la Franche-Comté a subi l'influence littéraire de l'Espagne, mais ne serait-il pas possible que par son intermédiaire cette influence se soit répandue en France, où l'on sait qu'elle a été longtemps dominante? Voilà du moins l'hypothèse que nous propose M. Louis de Ronchaud. En 1882, notre compatriote, écrivant une préface aux œuvres choisies du poète Rotrou, était amené à expliquer l'origine de ce goût espagnol qui régnait en France dans la première partie du xvii° siècle. Il réfutait sans peine l'opinion de Viollet-le-Duc attribuant l'influence du drame espagnol sur notre scène française et en particulier sur les pièces de Hardy et de Mairet, au mariage de Louis XIII avec une princesse espagnole; et, à propos de Mairet, il ajoutait « que ce poète franc-comtois était né sujet de l'Espagne, et qu'en venant résider à la cour de France, il avait pu y apporter lui-même l'influence qu'on veut qu'il y soit venu chercher (2). » Ce n'est là sans doute qu'une idée jetée en

---

(1) *Géographie pittoresque et monumentale de la France*, Franche-Comté.

(2) *Théâtre choisi de J. de Rotrou*, avec une étude par Louis de Ronchaud, p. v.

passant et je ne pense pas que l'auteur y ait attaché beaucoup d'importance. Je la retiens cependant comme l'expression — un peu plus paradoxale encore que les précédentes — de la légende que je combats.

En voici encore une : lorsque Auguste Castan, dans son livre sur Besançon et ses environs, nous apprend que « la ville de Besançon demeura tributaire du fanatisme religieux de l'Espagne », il exprime sans doute son opinion personnelle ; mais en même temps il est l'écho de la tradition qui veut, qu'en religion comme en autre chose, nous portions encore la trace du joug de nos anciens maîtres. Si nos ancêtres ont été fanatiques, s'il nous en reste quelque chose, quelle meilleure preuve qu'ils ont été Espagnols et que nous le sommes encore un peu actuellement[1] ?

Dans ce concert unanime, la poésie ne pouvait manquer de donner sa note, et voici Xavier Marmier écrivant du fond de la Suède à ses amis de Franche-Comté et leur demandant

> d'aimer toujours ce sol
> Où l'on retrouve encor sous une empreinte antique
> Le courage du Franc, la candeur germanique,
> Et la fierté de l'Espagnol [2].

Voilà, Messieurs, sous quelles formes variées, avec l'autorité de quels hommes d'esprit et de savoir, la légende se présente à nous ; on ne m'accusera pas de l'avoir forgée pour me donner la tâche facile de la démolir [3]. Elle se

---

(1) Castan : *Besançon et ses environs*, édit. de 1901, p. 27. M. Philippe Sagnac, rendant compte de la vie du cardinal Gousset par le chanoine Gousset (*Revue d'hist. moderne et contemporaine*, t. V, p. 652), parle de la Franche-Comté « si catholique, marquée de l'empreinte espagnole. »

(2) *Besançon et les bords du Doubs. A mes amis de Franche-Comté*, par Xavier Marmier.

(3) Je dois dire que deux Franc-Comtois, très au courant de l'histoire de leur pays, ont nié l'influence espagnole en Franche-Comté, mais ce n'est pas leur opinion qui a prévalu. Je lis dans la *Franche-*

retrouve du reste dans l'opinion populaire aussi bien que dans l'histoire, dans la conversation de tous les jours comme dans les livres de savants, et aujourd'hui encore, dans l'auditoire qui veut bien me prêter son attention, plusieurs se rencontrent sans doute qui se demandent si vraiment il n'est pas paradoxal de contester qu'il y ait rien d'espagnol dans l'héritage moral et intellectuel qu'ils ont reçu de leurs ancêtres.

Bien qu'en ceci comme en beaucoup d'autres choses, le temps ne fasse rien à l'affaire, il n'est pas sans intérêt de rechercher exactement pendant combien d'années l'influence espagnole a pu régner dans notre comté de Bourgogne. Castan, dans son excellent petit livre : *La Franche-Comté et le pays de Montbéliard*, divise notre histoire en un certain nombre de périodes, et pour lui la période espagnole s'étend de l'année 1556 à l'année 1674. L'année 1556 est celle de l'abdication de Charles-Quint et en même temps celle de la division en deux parties des immenses domaines de la maison d'Autriche. Le comté de Bourgogne et les Pays-Bas sont alors séparés de l'empire, à qui de vagues liens les rattachaient encore, et s'ajoutent à l'Es-

---

Comté ancienne et moderne, t. II, p. 164, 165 : « Le naturel espagnol ne modifia nullement celui de nos pères. A part les généralités qui appartiennent à toutes les nations, il n'y a pas plus d'espagnol dans notre moral qu'il n'y en a dans la langue que nous parlons. La province ne communiquait ordinairement avec l'Espagne que par l'intermédiaire des Pays-Bas ; à peine les troupes espagnoles y séjournaient en la traversant ; il n'y eut que très tard des emplois exercés par les Espagnols. Nous ne connaissons guère d'alliance de famille contractée avec cette nation. Malgré l'union politique la plus intime et la mieux entretenue, la Franche-Comté n'était pas fâchée d'être à une certaine distance de l'Espagne et de la Flandre. De nation à nation, d'homme à homme, on ne s'aimait guère ; cela perce partout à côté des témoignages de bon vouloir. »

Ph. Perraud (*La conquête de 1669*, p. 30) n'est pas moins catégorique : « Au fond, la Comté, pas plus que les Pays-Bas, n'avait jamais été espagnole. L'Espagne ne put l'assimiler et fit peu d'efforts pour cela. Grâce à son éloignement, la province garda toujours une large autonomie. »

pagne et à ses vastes domaines d'outre-mer pour former la part de Philippe II, fils de l'empereur devenu moine; tandis que le frère de ce dernier, Ferdinand, garde les domaines allemands de la famille et le titre électif d'empereur. Mais je serai plus large que Castan et je vous proposerai de repousser jusqu'à l'année 1516 le début de la période espagnole de notre histoire. En 1516, Charles d'Autriche, comte palatin de Bourgogne et souverain à divers titres des Pays-Bas, déjà roi de Castille, devient roi d'Aragon et réunit dans ses mains toutes les forces de la monarchie d'Espagne. C'est donc bien à partir de cette date que notre petit pays se trouve comme perdu dans cet immense empire sur lequel le soleil ne se couchait jamais. Au point de vue où nous sommes, l'élection de Charles à l'empire en 1519 n'a point d'importance, et surtout l'événement de 1556 ne resserre aucun des liens qui nous rattachaient déjà à la cour de Madrid. De 1516 à 1674, je compte cent cinquante-huit ans, c'est la durée de plus de cinq générations humaines, et c'est plus qu'il n'en aurait fallu sans doute à une dynastie de souverains à la fois puissants et populaires pour imposer à leurs sujets franc-comtois cette uniformité morale qui ferait de nous, sinon des frères, du moins des arrière-cousins des Castillans ou des Aragonais. Voyons si les rois d'Espagne l'ont fait, voyons s'ils ont même essayé de le faire.

Il semble bien, Messieurs, que le meilleur moyen de s'assimiler un pays, c'est de l'occuper, dans le sens précis du terme. Je sais bien que les Franc-Comtois n'étaient pas des vaincus aux yeux des Espagnols; ceux-ci ne pouvaient songer à les supprimer comme ils ont supprimé les Caraïbes des Antilles au xvi° siècle, comme les Anglais, au xix°, ont supprimé les indigènes de la Tasmanie ou de l'Australie. Les réduire à une sorte de demi-servitude, comme les Indiens de l'Amérique du Sud, était également impossible; mais à défaut de cette occupation brutale, conséquence et abus de la victoire, ils avaient la ressource de la colonisation pacifique et de cette assimilation lente mais assurée, qui résulte du mélange des races par de fréquentes alliances et par une cohabitation quotidienne.

Or, Messieurs, la Franche-Comté, au xvi° siècle, offrait un vaste champ à cette colonisation, je dis vaste dans tous les sens du mot. En 1516, elle ne s'était pas encore remise de l'invasion française de 1479. Et de cette date à celle de 1674, trois fléaux, qui étaient alors inséparables, la guerre, la peste et la famine la réduisirent plus d'une fois à l'état « d'île sauvage, nouvellement découverte, où tout était au premier occupant ». Ce ne sont point des légendes populaires ou des traditions douteuses qui nous l'apprennent. Les recensements officiels, les ordonnances du parlement et de la chambre des comptes, les recès des États, les registres des communautés et des paroisses nous renseignent à la fois sur l'étendue du mal et sur les remèdes que les pouvoirs publics s'efforcèrent d'y apporter. Voici quelques chiffres : en 1614, la population de la province était de 400,000 habitants ; en 1644, elle était tombée à 130,000 ; en 1652, elle était remontée seulement à 200,000. Les écarts sont considérables, mais il ne faut pas oublier que de 1633 à 1643, le pays a été en proie à la guerre de Dix ans, à la suite de laquelle, nous apprend Castan, « il ne restait guère d'habitants que dans les places fortes de Besançon, Dole, Salins et Gray ».

Il faut ajouter, du reste, que tous les manquants du recensement de 1644 n'étaient pas définitivement perdus. Après une bataille, on compte non seulement les tués et les blessés, mais aussi les disparus qui se retrouvent tôt ou tard. Beaucoup de Franc-Comtois avaient passé la frontière, dont quelques-uns revinrent une fois la paix rétablie (1). Des villages entiers avaient émigré dans les

---

(1) « Depuis les guerres présentes, plusieurs sujets s'estant retirez et

grands bois du bailliage d'Amont ou de la Bresse doloise, ou bien encore dans les cavernes ou les gorges de la montagne (1); ceux qui survécurent à la misère revinrent plus tard reconstruire leurs foyers. Enfin des étrangers comblèrent les vides. Ici encore les documents officiels permettent de suivre en détail la reconstitution du pays et les efforts des pouvoirs publics pour favoriser le retour des indigènes et l'émigration des populations voisines. Au nord s'établissent des Lorrains et des Allemands, à l'ouest des Champenois et des Bourguignons de France en assez grand nombre pour éveiller à plusieurs reprises les craintes de l'Espagne et attirer l'attention du Parlement ; au sud les Bressans, les Savoyards, les Suisses de Fribourg et du pays de Vaud formèrent sur plusieurs points de véritables colonies. Mais d'Espagnols, nous n'en trouvons nulle part, ni en groupes, ni isolément. Je sais bien que quelques fa-

---

logez dans les bois pour s'y tenir à couvert des courses et hostilitez, y avaient fait de grands desgats et abattues et réduit bonne partie desdits bois en nature de terre labourable qu'ils s'obstinent à cultiver et ensemencer ; ce qui leur fait négliger l'habitation de leurs villages et la culture de leurs plaines et finaiges, quoique de meilleur rapport » (Ordonnance du Parlement du 27 janvier 1648).

(1) Girardot de Nozeroy, après avoir tracé le tableau navrant de la situation du comté à la fin de l'année 1638, ajoute : « En cette occasion, les plus courageux résolurent de se tirer hors du pays durant cette horrible saison et passèrent en pays estranger où eux et leurs femmes gagnèrent leur vie et celle de leurs enfants par le travail de leurs mains. Les premiers passèrent en Savoie et en Suisse, autres les suivirent et les premiers travaillans fortement et fidèlement firent planche à ceux qui les suivirent : ce fut une sortie générale, et ne pouvant la Suisse et la Savoie soustenir tant de gens, la plus grande partie qui cherchait les terres de son Roy passa en Italie et s'arresta à Milan, grand nombre néantmoins passèrent jusques à Rome (patrie commune de tous les chrétiens) ; un curé s'y trouva l'année suivante avec cinq cens de ses paroissiens, auquel le pape donna une église pour leur y administrer les sacrements ; on comptait qu'ils estoient à Rome dix ou douze mille Bourguignons de tout sexe » (*Hist. de dix ans*, p. 213). Girardot signale aussi l'émigration des Comtois à Lyon, où ils étaient bien accueillis, malgré les ordres de Richelieu.

milles comtoises se disent et se croient originaires des pays *de par delà*, comme on disait volontiers au xvi° siècle, mais, sans nier qu'il puisse s'en trouver par hasard une ou deux, je n'en connais pas une qui appuie ses prétentions d'un commencement de preuves. Chaque fois, au contraire, que l'historien ou le généalogiste, sollicité par la tournure exotique d'un nom propre, cherche à établir l'origine de la famille qui le porto, c'est toujours en Italie, ce n'est jamais en Espagne que ses recherches le conduisent. Voilà donc, Messieurs, un premier élément essentiel qui nous manque pour être Espagnols; chacun de nous peut se tenir pour assuré qu'il ne l'est ni de race ni par alliance (1).

Trouverons-nous la trace de l'influence espagnole dans l'histoire de l'administration du comté de Bourgogne ? Supprimer ou modifier profondément les institutions politiques d'un pays, celles surtout qui, en garantissant ses franchises, sauvegardent son autonomie et sa nationalité, c'est encore un moyen de modifier son génie et de l'asservir. Les xvi° et xvii° siècles ont vu précisément les grandes monarchies se fonder, l'autorité absolue des rois s'établir sur les ruines des libertés provinciales et des petites na-

---

(1) Si les Espagnols ne se sont pas installés en Franche-Comté, les Comtois ont-ils émigré en Espagne ? On lit dans Élisée Reclus (*Géographie universelle*, t. II, la France, p. 366, 1re édit.) : « Lorsque le pays appartenait aux Espagnols, ceux-ci ne s'établirent nulle part dans leur domaine du Jura ; mais les Jurassiens, au contraire, se répandirent aussitôt dans les pays dépendant de l'immense empire de Charles-Quint ; *on en compta 20,000 à Madrid*; ils n'étaient pas moins nombreux dans le Milanais ; à Rome, 12,000 émigrés du Jura occupaient le quartier dit des « Bourguignons, » du nom sous lequel on le connaissait jadis. » J'ignore sur quels renseignements s'appuie l'auteur pour affirmer la présence de 20,000 Comtois à Madrid, et jusqu'à preuve du contraire, je n'y crois pas. L'émigration comtoise à Rome est au contraire certaine ; déterminée dès 1638 par les malheurs de la guerre de Dix ans (voir la note 1 de page 12), elle prit un nouveau développement après la seconde conquête française en 1674. Voir à ce sujet Castan : *La confrérie, l'église et l'hôpital de Saint-Claude des Bourguignons de la Franche-Comté à Rome.*

tionalités indépendantes. Pour ne parler que de l'Espagne, dès 1521, Charles-Quint, vainqueur des *communeros* à Villalar, dépouille la Castille de ses privilèges. En 1591, Philippe II profite du dramatique procès d'Antonio Pérès pour supprimer les *fueros* de l'Aragon; sous Philippe IV, ce sont les libertés de la Catalogne et de la Navarre qui disparaissent. Dans les Pays-Bas surtout, le despotisme des souverains se donne carrière; à plusieurs reprises les Flamands et les Gantois en particulier se soulevèrent contre les innovations arbitraires de Charles-Quint; sous Philippe II, la révolution succède aux émeutes et l'Espagne perd la moitié de son riche domaine, des bords du Rhin et de l'Escaut.

En Franche-Comté, voyons-nous rien de pareil? Il n'y a pas d'émeutes, non pas que les Comtois soient moins jaloux que les Flamands de leur liberté, mais parce que celle-ci n'est jamais menacée par les souverains. « Nostre Roy, écrit Girardot de Nozeroy, ne veut régner sur nous que par la raison et la justice; il ne nous commande pas comme maistre à ses valets ainsy que font les roys en France, ny comme les maris font à leurs femmes ainsy qu'ils font en Flandre et en Brabant...., mais comme père à ses enfants qui ont part aux interests de leur père et l'ayment d'un amour masle et filial(1). » L'histoire minutieuse et documentée des temps modernes est d'accord avec le conseiller du parlement de Dole. Nos libertés et les institutions qui les garantissent, le parlement et les États en particulier, sont, après 1516, ce qu'elles étaient avant. Elles datent les unes et les autres de la période des comtes-ducs de Bourgogne de la maison des Valois; elles sont françaises d'origine et

---

(1) *Histoire de dix ans*, p. 252. Il écrit encore : « Nostre Bourgogne est le plus petit et le plus faible morceau de la monarchie espagnole, et loing de la mer, *que le roy a fait subsister sur ses anciennes formes, avec commandement exprès que rien n'y fut jamais changé* » (*Ibid.*, p. 14).

de forme et le sont restées jusqu'au bout. C'est ce qu'affirmait justement Perreciot en 1765 : « Les anciens Comtois se sont si exactement modelés sur les Français pour la forme du gouvernement civil, et les ont copiés avec tant d'attention, qu'il semble que nous ayons toujours appartenu au même souverain. » Voilà, Messieurs, le mot juste : nous avons toujours appartenu au même souverain, le comte de Bourgogne, et le fait que ce souverain s'est trouvé à un moment donné le roi d'Espagne a pu augmenter son prestige, mais ne lui a jamais donné, au Comté du moins, un droit de plus. Je sais bien qu'il est arrivé un moment où tout cela fut changé ; s'il n'est pas sûr que l'Espagne, quelques mois avant la conquête de 1668, ait songé à imposer à la Franche-Comté un intendant à la française, il l'est du moins que pendant les six ans — de 1668 à 1674 — où le pays revint sous sa domination, elle se vengea sur ses sujets d'un désastre dont elle était avant tout responsable, en bouleversant comme à plaisir les institutions traditionnelles du Comté. Les États supprimés, le Parlement démembré et réduit à l'état de chambre de justice, des gouverneurs espagnols imposés à un peuple qui n'avait jamais obéi qu'à des Franc-Comtois de naissance ou de race ; tels sont les derniers actes du gouvernement espagnol dans notre pays ; c'était trop tard pour le sauver des mains de la France, et c'était donner à celle-ci le beau rôle en permettant au nouveau maître de réparer quelques-unes des ruines faites par l'ancien. A coup sûr, ce ne sont pas ces six années-là qui nous ont faits Espagnols.

Poursuivons notre enquête. L'Espagne aurait pu chercher à se rendre maîtresse de l'esprit public par l'enseignement et par l'école. Par l'école, à défaut des générations actuelles réfractaires, on s'assure des générations futures, on donne aux fils d'autres âmes qu'à leurs pères, on rompt les traditions religieuses ou nationales. L'Espagne, Messieurs, n'a pas songé à le faire. Nous avons l'histoire de presque tous les collèges de notre province (1), nous savons par le menu ce qu'on y enseignait; si c'était ici le lieu, il serait curieux de suivre dans les programmes les changements apportés par l'esprit nouveau de la Renaissance et qui peuvent se résumer en deux mots : l'humanisme substitué à la scolastique ; « mais ce que l'examen le plus attentif n'y découvrira jamais, c'est la trace du moindre effort du gouvernement de Madrid pour façonner à sa guise et soumettre à son influence l'âme des jeunes Franc-Comtois. Un fait résumera tout ce que je pourrais dire à ce sujet. Ni au XVI° ni au XVII° siècle, dans aucun collège du comté de Bourgogne, on n'a enseigné l'espagnol. L'enseignement supérieur était alors représenté chez nous par l'Université de Dole (2); dans la longue liste des professeurs, où à côté des indigènes figurent des Allemands, des Français et des Italiens, l'Espagne ne peut revendiquer qu'un seul nom, celui d'Antoine Lulle, qui enseigna la théologie avant d'être le précepteur, puis le vicaire général de Pierre de la Baume (3).

Dans ces temps d'internationalisme scolaire, nous ne sommes pas surpris de trouver parmi les étudiants de Dole des étrangers de toute race et en particulier des Allemands en assez grand nombre pour former une nation, la nation germanique, mais n'est-il pas étrange, non seulement qu'il n'y ait pas de nation espagnole, mais que même isolément nous ne puissions nommer un étudiant né au

---

(1) *Police du collège de l'impériale cité de Besançon* (1567) (documents inédits publiés par l'Académie de Besançon (tome VII); Droz : *Histoire du collège de Besançon*. Robert : *L'enseignement à Besançon jusqu'à la fin du XVI° siècle*. Lex : *L'ancien collège de Vesoul*. Godard : *L'ancien collège de Gray*. Feuvrier : *Le collège de l'Arc à Dole*. *Un collège franc-comtois au XVI° siècle*.

(2) Sur l'Université de Dole, voir l'*Histoire de l'Université du comté de Bourgogne* de Labbey de Billy, 1814, et *Les Universités de Franche-Comté*, par Beaune et d'Arbaumont, 1870.

(3) Sur ce personnage, voir Castan : *La rivalité des familles de Rye et de Granvelle*, notamment page 63, note 1.

delà des Pyrénées? Les Comtois, eux aussi, allaient achever leurs études à l'étranger, nous en trouvons quelques-uns en Allemagne, ou à Louvain, en Flandre, un plus grand nombre en terre française, à Paris, Poitiers, Bourges, Orléans, Valence ou Avignon, un plus grand nombre encore en Italie, à Pavie, Padoue, Bologne, Ferrare, Pise, Sienne, Naples ou Rome (1). Mais l'Espagne avait, elle, des universités, et la plus célèbre, celle de Salamanque, se vantait d'être « la mère des vertus, des sciences et des arts » : et nulle part nous ne voyons que les Franc-Comtois y soient allés chercher la science, nulle part que les souverains aient cherché à les y attirer. Est-il nécessaire d'ajouter que nous ne trouvons rien, absolument rien d'espagnol dans les rares écrivains comtois de cette époque qui ne sont pas complètement oubliés, rien dans Gilbert Cousin, qui étudie en Allemagne, voyage en Italie, ignore absolument l'Espagne, écrit du reste en latin et meurt soupçonné d'hérésie; rien dans Pierre Mathieu, qui avocasse à Lyon et devient le conseiller, le favori et l'historiographe du roi de France Henri IV; rien dans Chassignet, le Malherbe franc-comtois; rien dans Mairet, qui, s'il est Espagnol, l'est devenu à Paris, où tout l'était alors, depuis le théâtre jusqu'au costume et au jargon des courtisans (2)?

Si nous ne retrouvons l'Espagne ni dans notre sang, ni dans notre langue, ni dans nos mœurs, ni dans nos institutions, ni dans nos écrivains, serait-elle par hasard, et comme le voudrait M. Henri Bouchot, accrochée aux angles de nos murailles? Ce ne sera pas du moins aux angles de celles qui protègent nos villes contre les attaques

---

(1) *Les Franc-Comtois à Ferrare, au XVe et au XVIe siècle*. Mémoires de l'Académie de Besançon, 1903, p. 204.
(2) Morel-Fatio : *Études sur l'Espagne*. Première partie : *Comment la France a connu et compris l'Espagne depuis le moyen âge jusqu'à nos jours*. Demogeot : *Histoire de la littérature française*, chap. xxix : Influence de l'Espagne.

de l'étranger. Au xvi⁰ siècle, l'art de la guerre se renouvelle, et en même temps celui de la fortification. Charles-Quint veut mettre à l'abri d'un coup de main la ville de Dole, à la fois capitale et boulevard de la province du côté de la France. S'adresse-t-il à des Espagnols? Non pas. En 1537, deux Italiens, Fernando Serrato et Onofrio Trapantelli, commencent les travaux; en 1541, le Génois Ambrosio Precipiano y met la dernière main (1). De 1551 à 1560, le même ingénieur construit les fortifications de Gray, telles qu'elles devaient subsister jusqu'à la conquête française (2). En 1595, Besançon, menacée par Henri IV, confie à l'Italien Griffoni le soin de protéger par un fort la porte de Charmont, la plus directement menacée : c'est le fort Griffon, remanié par Vauban, mais dont le nom est resté à peine modifié (3). La même année et sous le coup du même danger, Salins fait appel à un Bourguignon, et probablement à un Bourguignon du Comté, Hugues Sambin, qui lui rend le même service (4). Nos monuments civils ou religieux sont-ils plus espagnols que nos remparts? Vers 1527, Ferry Carondelet, abbé commendataire de Montbenoît, veut laisser à la postérité un témoignage de son goût et de sa magnificence et il charge des Italiens et des Flamands de décorer l'église de son abbaye ; ce serait, d'après Castan, le même groupe d'artistes qui aurait délicatement sculpté les fenêtres de la maison Maréchal. Nous retrouvons Caronde-

---

(1) Jules Gauthier et J. Feuvrier : *Les fortifications de la ville de Dole*. Mémoires du congrès archéologique de France, LVIII⁰ session, p. 207.

(2) Gatin et Besson : *Histoire de la ville de Gray*. Edit. Godard. p. 156.

(3) Castan et Pingaud : *Besançon et ses environs*, p. 182. « L'appréhension d'un siège de la ville par le roi de France Henri IV, en 1595, fit connaître la nécessité d'un fort entre les portes de Battant et de Charmont : un ingénieur italien, Jean Griffoni, en donna le tracé, et du nom de son auteur, cet ouvrage s'appela le *fort Griffon*; la construction par laquelle Vauban l'a remplacé conserve cette dénomination. »

(4) Castan : L' « architecteur » *Hugues Sambin* (1900).

let à la cathédrale avec un tableau votif, œuvre du Florentin Fra Bartolommeo, avec son tombeau dû au ciseau d'artistes flamands (1). Le palais Granvelle (2) est un palais italien, avec sa cour carrée, son rez-de-chaussée à arcades ouvertes, son premier étage à galeries fermées, son escalier engagé dans le corps du bâtiment au lieu d'occuper une aile ou une tour en saillie, avec les fines sculptures de sa façade et de ses fenêtres, avec aussi ses lourdes fautes de construction qui prouvent que si les architectes italiens du XVIe siècle étaient des artistes de beaucoup de goût et d'imagination, ils étaient en même temps d'assez médiocres praticiens. La part de la Flandre, c'est le grand toit, avec son pignon à escalier, qui remplace la terrasse italienne ; celle-ci, sous notre climat septentrional, aurait été un contresens par trop absolu. C'est en effet en Italie et en Flandre, chaque fois que nos propres ressources ne nous ont pas suffi, que nous sommes allés chercher des modèles ou des auxiliaires. Ne triomphez pas, Messieurs, de cet aveu, et ne me dites pas que c'est par cette voie indirecte de la Flandre que l'influence espagnole s'est infiltrée chez nous. Pas plus que la Franche Comté, la Flandre n'a jamais été un pays espagnol, au sens où nous l'entendons. J'en atteste le témoignage de M. le chanoine Dehaisnes, ancien archiviste du département du Nord, et l'un des hommes de France qui connaissaient le mieux l'histoire de l'art et en particulier de l'art des Pays-Bas. *L'Espagne a-t-elle*

---

(1) Castan : *Ferry Carondelet*, article de la Grande Encyclopédie. A la bibliographie qui suit cet article, il faut ajouter les deux travaux suivants de M. Gauthier : *La sculpture sur bois en Franche-Comté* (Réunion des sociétés savantes des beaux-arts des départements, XIXe session, 1895, p. 805) et : *L'église abbatiale de Montbenoît. Son créateur, son architecte, ses sculpteurs (1520-1528)* (même collection, XXIe session, 1897, p. 236).

(2) Castan : *Monographie du palais Granvelle à Besançon*. Sur les caractères distinctifs des palais italiens qui se retrouvent dans le palais Granvelle, on peut consulter Palustre, *La Renaissance*, notamment les p. 114 et seq.

exercé une influence artistique dans les Pays-Bas(1)? Telle est la question qu'il traitait en 1878 successivement devant *la commission historique du Nord*, puis en Sorbonne, et il concluait par la négative la plus absolue. Son travail dépassait du reste les termes de la question, et c'est à tous les points de vue qu'il niait, avec des textes et des dates à l'appui, l'influence de l'Espagne dans les Flandres. Ce n'est, du reste, pas plus la Flandre que l'Espagne que nous rencontrerons à Dole, où le seul monument que je puisse citer, le charmant portail de l'ancien collège de l'Arc, est dû au crayon du président Boyvin, le héros de la défense de 1636 (2) ; pas davantage à Gray, où, sans que l'Espagne y soit pour rien, l'hôtel de ville a été voté, dessiné, construit et payé par des Graylois (3).

---

(1) Nous ne pouvons songer à analyser ici le travail de M. le chanoine Dehaisnes ; disons seulement que, s'il a surpris au premier moment les historiens de l'art, il n'a jamais été réfuté, et que ses conclusions ont été adoptées par M. Palustre, dans la première livraison de son ouvrage sur la *Renaissance en France*. Par quelle singulière inconséquence, M. le chanoine Dehaisnes appelle-t-il Charles-Quint « le premier prince espagnol qui a gouverné les Pays-Bas ? » Ne serait-il pas plus juste de le qualifier « le premier prince flamand qui a régné sur l'Espagne ? » Charles-Quint, lorsqu'il alla à seize ans prendre possession du trône de Castille, n'était pas plus Espagnol que le duc d'Anjou lorsque le testament de Charles II l'appela à régner à Madrid.

(2) Ed. Clerc, *Jean Boyvin*, p. xviii et seq.

(3) « Le terrain sur lequel est bâti ce monument avait été acquis dès l'année 1532, aussitôt que fut achevée l'église Notre-Dame. Cependant on commença seulement en 1564 la construction de l'hôtel de ville. Il fut élevé au moyen d'une imposition répartie, durant plusieurs années, sur tous les habitants de la cité. C'est encore aujourd'hui un de ses plus remarquables édifices. Un enfant en posa la première pierre. Le *maître de l'œuvre* fut vraisemblablement *François Moris*, maçon, car il est mentionné dans un rapport d'experts comme « ayant charge de la maçonnerie de l'hôtel de ville » (Gatin et Besson, *Hist. de Gray*, éd. Godard, p. 645). Au nom de François Moris faut-il ajouter ou substituer celui de l'« architecteur » Hugues Sambin ? Sur la probabilité de la naissance de ce dernier à Gray, on peut lire une notice de M. Jourdy intitulée : *Un plan de Hugues Sambin. L'origine grayloise de cet architecte*, insérée dans les Mémoires de l'Académie, 1897, p. xviii.

Si les pierres de nos maisons ne sont pas espagnoles, nos sentiments religieux ne le sont pas davantage. J'ai toujours été surpris d'entendre parler d'un fanatisme religieux qui aurait été particulier aux Comtois du xvi° siècle. Ne calomnions pas nos ancêtres, ils ne valaient pas mieux, je le veux bien, que leurs voisins d'au delà du Jura ou de la Saône, mais je ne vois nulle part qu'ils les aient dépassés en intolérance et en cruauté. Ce sont de part et d'autre les mêmes erreurs, les mêmes préjugés, les mêmes passions ; c'est surtout ce même sophisme de l'unité, lequel, de quelque épithète qu'on l'accompagne, a toujours servi de prétexte à toutes les tyrannies légales et d'excuses à toutes les violences.

Et s'il était vrai cependant, comme on le veut quelquefois, que les Comtois du xvi° siècle aient apporté dans ces guerres religieuses plus d'ardeur que leurs voisins du même âge, je me refuserais encore à voir là l'influence de l'Espagne. Qui saura jamais — et le savaient-ils eux-mêmes — dans quelle mesure toutes les passions humaines, les bonnes comme les mauvaises, se mêlaient au sentiment religieux chez les contemporains des Guises ou de Calvin pour faire d'eux des partisans également sincères et également fanatiques de la religion traditionnelle ou des nouvelles doctrines ? On s'accorde à dire que c'est à leur lutte presque huit fois séculaire contre les Maures, ennemis à la fois de leur pays et de leur religion, que les Espagnols doivent leur orgueil patriotique et leur intransigeance religieuse. Toutes proportions gardées, c'est un peu notre histoire aussi. Il s'est trouvé que les ennemis contre lesquels les Comtois avaient à défendre leur indépendance ou leurs foyers étaient ou paraissaient être les adversaires de la religion catholique à laquelle ils entendaient rester fidèles : c'étaient les bandes allemandes qui traversèrent et attaquèrent maintes fois le nord du pays; c'étaient les soldats de Henri IV, converti de la veille, et qu'on appelait toujours, en Comté, le prince de Béarn ; c'étaient les bandes suédoises de Weimar, dont le terrible souvenir est encore vivant dans les montagnes ; c'étaient encore les troupes de Richelieu, détesté à la fois comme l'ennemi de la patrie et l'allié des huguenots. Ces passions sont heureusement oubliées, peut-être parce qu'elles sont remplacées par d'autres qui feront à leur tour l'étonnement et le scandale de nos descendants ; mais si nous ne les éprouvons plus, reconnaissons qu'elles étaient trop naturelles à nos pères pour qu'il soit nécessaire d'en chercher la source ailleurs que dans les préjugés de leur temps et les épreuves de leur pays [1].

Il me reste à répondre, Messieurs, à une objection que vous me faites sans doute en vous-mêmes. N'est-il pas vrai, me direz-vous, que la domination espagnole avait été facilement acceptée dans notre pays ? N'est-il pas vrai que longtemps après sa chute, les paysans de nos montagnes avaient gardé le fidèle souvenir des anciens souverains et

---

[1] Si étrange que cela puisse nous paraître aujourd'hui, les Comtois du xvie et du xviie siècle réunissaient dans un indissoluble sentiment de loyalisme le prince, la liberté et la religion. Boyvin expliquait ainsi l'enthousiasme de la population de Dole pendant le siège de 1636 : « La vive appréhension de perdre *son bon roy, sa religion, ses libertés*, avait tellement occupé toute la capacité de l'âme, qu'elle ne laissait plus de place pour toute autre frayeur. » (Ed. Clerc, *Jean Boyvin*, p. xxiv.)

Pour Girardot de Nozeroy, la lutte de Philippe II contre l'hérésie est encore plus politique que religieuse : « L'hérésie du calvinisme qui s'est eslevée au dernier siècle est celle qui a mis ce grand roy en peine, non tant par ses erreurs, car l'Église les combat assez, que pour le mauvais esprit qui l'anime contre les roys, esprit de violence et de ruse qui apprend aux hommes à combattre de droit fil les lois constantes que Dieu a estably dans le monde, soub les hautes puissances et harmonies des magistrats... c'est contre cet esprit de violence et de ruse qui anime l'hérésie contre les roys, et qui a troublé le règne de Philippe II, que ce roy a dressé ses principaux appareils, que sont les instructions par lui laissées, règles et maximes perpétuelles par lesquelles ses estats seraient gouvernez, et a assez prévu que ce mauvais esprit ferait un jour ce qu'il a fait, plaignant nostre Bourgongne qui serait la plus agitée à cause du calvinisme qui l'environne de toutes parts.... » (*Hist. de dix ans*, p. 14 et seq.)

se consolaient des rigueurs du régime français en rappelant le bon vieux temps des rois ou des infants espagnols? Je ne songe pas à le nier; et si j'en avais le temps, je retrouverais avec vous les traces de cette vivace affection pour l'Espagne, non seulement dans les traditions populaires, mais encore dans les écrits des historiens et des publicistes comtois du xviii° siècle. Mais je ne crois pas que l'autorité de ma thèse en soit diminuée.

Parmi les raisons qui expliquent cet attachement des Comtois à leurs princes et le souvenir pieux qu'ils en avaient gardé, je n'hésite pas à donner le premier rang à celle-ci; c'est que précisément ces princes n'avaient jamais songé à violenter le génie de la nation (1); que ce soit le fait du hasard ou celui de leur volonté, peu importe, le comté de Bourgogne était resté libre sous leur sceptre. Les esprits simples avaient gardé un vague souvenir de cette bienveillance et la traduisaient en légendes naïves (2);

---

(1) Il y a sans doute d'autres raisons de cet attachement. Les Comtois aimaient leurs comtes, devenus rois d'Espagne, par loyalisme, ils étaient pour eux les héritiers légitimes, par Marie de Bourgogne, des quatre ducs et comtes de Bourgogne de la race des Valois. Ils les aimaient aussi parce qu'ils trouvaient gloire et profit à les servir. « Ce pays semblerait trop petit, écrit Girardot, et les emplois trop médiocres pour une si grande et si principale noblesse que la nostre, mais la monarchie d'Espagne est la campagne la plus fournie d'emplois qui soit au monde, qui est ouverte partout à la fidélité de notre nation; et ce que nous sommes joints au gouvernement des Pays-Bas, est pour nous les ouvrir comme ils estoient du temps de noz quatre ducs » (*Histoire de dix ans*, p. 12). Par le fait, en songeant au rôle joué par les Franc-Comtois, soit dans les conseils des princes et les congrès depuis le traité de Madrid jusqu'à ceux de Munster, ou sur les champs de bataille depuis Pavie jusqu'à Rocroy et Lens, on est tenté d'ajouter avec le même auteur : « Nous pouvons dire, non comme le Botero : que nostre Bourgogne est un abrégé de la monarchie d'Espagne, mais que la monarchie d'Espagne est une Bourgogne étendue partout. »

(2) La plus célèbre de ces traditions est celle d'après laquelle, au lendemain de la conquête, les paysans comtois se faisaient enterrer la face contre terre pour protester contre la domination du roi-soleil. Il y a plus de naïveté encore dans celle-ci : au xviii° siècle, les *anciens* du

à la veille de 1789, en Comté, comme dans le reste de la France, quelques savants attachés aux vieilles institutions, cherchèrent dans leur rénovation la solution des problèmes qui agitaient l'opinion publique et tout naturellement ils furent amenés à étudier, avec sympathie, l'époque où ces institutions s'étaient le plus librement développées. Avec beaucoup d'illusions sans doute pour l'avenir, mais en même temps, avec un sens très exact du passé, ils s'aperçurent que le XVI° et le XVII° siècle, avec toutes leurs misères, avaient vu l'apogée des libertés franc-comtoises, et je m'autorise de leurs travaux pour conclure en disant une fois de plus qu'en dépit des noms d'Espagne, de Charles-Quint, de Philippe II et de leurs successeurs dont notre histoire est pleine, jamais la Comté de Bourgogne n'a été plus *Franche* que pendant les deux siècles où ses souverains la gouvernaient depuis Madrid ou depuis Bruxelles.

---

village parlaient encore du bon vieux temps où chaque année des mulets chargés d'or apportaient au comté de Bourgogne sa part des trésors du nouveau monde. A la même époque, Dom Grappin, qui n'était ni un ignorant ni un naïf, répondait ainsi à cette question : « Le règne de Charles-Quint fut-il favorable aux Comtois ? — Ils jouirent de son temps d'une franchise absolue, en sorte que le comté de Bourgogne fut appelé sa province favorite. Charles-Quint aima surtout la ville de Besançon, dont il autorisa les privilèges et les augmenta en lui accordant celui de battre monnaie. Besançon lui fit élever par reconnaissance une statue de bronze très estimée et qu'on voit encore au frontispice de l'hôtel de ville » (*Histoire du comté de Bourgogne*. M. DCC. LXXIII, p. 87).

En 1789, le conseiller Droz, dans ses *Mémoires pour servir à l'histoire du droit public de la Franche-Comté*, se faisait aussi l'apologiste du passé, lorsque, prenant la défense du parlement menacé par les novateurs, il le montrait attaché surtout, depuis près d'un siècle et demi, à défendre contre les empiétements de l'administration française les *immunités, privilèges et capitulations* de la province. Il rappelait que Louis XIV n'avait régné en Comté qu'à titre de *Comte Palatin* et rêvait, à la veille de la Révolution, le retour à l'ancienne constitution de la province.

BESANÇON. — TYPOGRAPHIE ET LITHOGRAPHIE JACQUIN.

www.ingramcontent.com/pod-product-compliance
Lightning Source LLC
Chambersburg PA
CBHW060929050426
42453CB00010B/1924